Impressum

Erstdruck September 2000
Lektorat: Markus Jans
Umschlaggestaltung und Layout: Atelier EST, Luzern
Herstellung: Libri Books on Demand
© *Guy André Mayor*
Printed in Germany

ISBN 3-8311-0572-3

Guy André Mayor

Lichtzeilen mit Schatten – sprüngen

Ausgewählte Gedichte
1989 – 2000

Lies laut
und langsam
mit dem
mund

so lockst
du ton
aus bildern,
siehst musik

wo andere
nur worte
klappern
hören

Ich habe mich
den kleinsten
dingen aufgetan
und auch den
grössten,

war in den wüsten
und im eisgebirge
und in dunkler nacht
(nach sternen suchend,
die da gar nicht hingen)

und habe auch
in hellen welten
immer wieder
nichts als mich selbst
gefunden

und nach dir
geschrien.

Wo bist du
grosser gesang
der den himmel
umfasst
und die erde:
wenig gebraucht
und doch
bräuchten dich
alle?

Wo bist du
dass wir dich
hören
innen in uns
als zirpendes grün
oder als blaues
orgelndes draussen –
und die nächtigen zittern
und ziehn sich zurück?

Ist der sommer nicht wahr
oder war schon der frühling
von verheissung gebläht –
bloss anlass zur preisung?

Aus der hitze des herzens
worte gerettet,
wildere töne im ohr
destilliert
zu mässigen versen.

Du springst
und ich
springe dir nach
mit den augen.

Was du mir bist
lässt du kaum zu.

Was ich dir bin
willst du nicht wissen.

Schlaffes segel
im kleinen wind

knistert
ein wenig.

Draussen das meer
berge von licht
auf dich zu
von dir fort
gleissendes grau
lockend
geruch

Salzigen tang
in den haaren
die zärtlichen füsse
geschnürt
dehnst du dich
sturmlos
zum sinkenden grund.

Meer bist du
und welle und ufer.

Ich
nur das floss

das daraufhin
zutreibt

und
schaukelnd

zerschellt.

Abends langsam gelesen
die ferse des tags:

was dir enteilt
warst du selbst.

Und doch
bist du da.

Flüchtiger wind
mit händen
nicht greifbar
dennoch
zu spüren:
da
und schon
wieder fort.

Dein name allein
ist schon fast
ein gebet,
ein schwingendes
kleines
gedicht.

Du bist das lächeln –
ich bin der mund,
der es trinkt.

ich will in deinen augen
nachsehn
ob du glücklich bist
und ob
ein see drin liegt
mit flachen wellen
oder
mit bewegten

dann will ich fischer sein
auf diesem see
und ruhig rudern,
ein volles netz
ins wasser legen
silberheller fische
die darin leben sollen

Dein kleiner fuss
an meiner grossen stirn
zärtlich die zehe
auf staunender braue.

ich will das wasser sein
das dich umfängt
und wenn du untertauchst
nach oben drängt
ins freie

ich will das wasser sein
in dem du schwimmst
dich reinigst und erholst
von dem du nimmst
und trinkst

dein brunnen bin ich
und dein fluss
dein tiefer see

Schau, wie die bäume
sich biegen im wind.

Wärst du ein baum,
du könntest das zärtliche

spüren im sturm.

Natürlich
wachsen die schatten,
ist der mittag
fast spurlos

vorübergegangen,
hat nicht
auf sich gezeigt:
hier bin ich,

willst du noch etwas
oder ist dir das
einerlei deiner tage
gewohnheit geworden,

abwechslung nur
eine spielart
längeren weilens
und brütens?

Was willst du
denn noch?

Gerundete lippe und
blinkendes auge

meinen nicht mich,

sparen sich auf
für das bessre.

Bis eines tages
auch sie

müde und reizlos

verschlafen
die möglichen nächte.

Dann
will ich mich
zurückziehn
in mich selbst,
in eigne weichheit hüllen,
aussen rauhe schale –
wer doch noch kommt,
wird mich nicht
treffen können,
nur zertreten.

Verbirg die trauer
nicht um dich
ich lese sie
in deinen augen
auch von weitem
und ahne
dass dein blick
ins vorgestellte ferne
das quälende der
nähe meiden will –
dich selbst.

Dein kleiner gruss
ein hoffnungsarmes zeichen
schnell zurückgenommen
galt nicht mehr mir
es war als winktest du
dir selbst
zu langem abschied
zweifelnd
ob du dich
jemals wiederfändst.

So steh ich abseits
wartend dass du
dich erinnerst
und bin dennoch
bei dir
in deiner dunklen nacht –
und schweige.

Wem bin ich ein narr,
mir selbst oder keinem,
mit der kappe
auf halbem gesicht:
sieht nicht ein auge
besser?

Wie bist du dann
wenn du dich öffnen möchtest
namenlose rose
und schon im auftun
fröste fürchtest
und den schweren nebel

Was fühlst du dann
wenn mich dein grosser blauer blick
zu bleiben bittet und zugleich zu gehn :
bist du dann plötzlich leer
und leicht und traurig

Wohin denn eilst du
wenn du dich entfernst
als wärst du immer noch bei dir
und habest mich im gehn vergessen
wie einen leichten schmetterling
der weitergaukelt auf den
bunten wiesen

Wo bist du dann
wenn du in mir bist
als ein leises ziehn
weil ich die flüsterworte
die du schauend zauberst
nicht mehr höre

Rondo

Noch ganz erfüllt
von deiner sanften stimme,
in der die freude,
nach der langen zeit,
mich leise fragt:
Stimmt,
was du schreibst,
noch immer?
als glaubtest du der antwort,
die du kennst,
nicht recht,
sitz ich im garten,
atme grün und sonne
und sage: Ja, es stimmt
zu deiner sanften stimme,
in der die freude,
nach der langen zeit,
mich ganz erfüllt.

ich weiss
auch nicht
was liebe
ist
geliebte

ich weiss
nur dies

sie hiess
uns schon
bevor wir
uns berührten
das undenkbare

wünschen

Ich geh im regen
um den kleinen see
und bete singend
summend murmelnd
deinen namen
wie einen rosenkranz
von perlenschnüren
vor mich hin.

Weil ich ihn niemand
anderem verraten darf
als diesen stummen bäumen,
den büschen
und dem feuchten gras,
lass ich ihn taumelnd
in den grauen himmel steigen
als roten luftballon,
als leichte, weisse feder,
als geblasnes glas.

Dort schwebt er
spürbar eine weile
eh er zurückkommt
und mir über haar
und stirne rinnt
und in die augen.

Du bist
die rose,
ich der
tau –

tust du
dich auf,
bin ich
in dir

gefangen
und blühe,
wenn du
blühen,

und welke,
wenn du
welken
willst.

Lies meine gedichte
im dunkeln, geliebte:
indem sie dich singen,
leuchten auch sie
uns voraus.

meine liebe
hat
einen namen

ich schreib ihn
nicht
in den sand

und sprech ihn
nicht
in den wind

ich sag ihn
dir
ins weiche ohr

wenn wir
beisammen
sind

Jetzt weiss ich endlich auch,
was himmel heisst,
warum, als gabriel sie auswies
aus dem garten eden,
die beiden noch nicht traurig waren,

weil ihnen dies, in reiner freude
frei von schuld zu bleiben, blieb :
im einklang ihres atmens
unentschiednes nehmengeben.

Da war kein kampf, der sie entzweite,
kein spalt dazwischen, kein vereinzelndes;
sie gingen hand an hand und dachten sich
noch nicht getrennt.

Das kam erst später, dass sie sich entfernten,
da jedes seinen eignen weg zu gehn begann,
zu nennen anfing und zu unterscheiden
und so des glücks vergass
des ungeschiednen gebennehmens –

und suchen muss, was doch kein name nennt.

bin ich
noch lampe
oder
schon scheit

wenn ich
brenne

und

wenn ich
verbrannt bin

licht
oder wärme
oder
bloss asche

Du träumst dich
manchmal
und erwachst –
und weißt
nicht mehr
wer sich in
deinen träumen
träumt.

Wenn ich
deinen
namen sage
rinnt er
wie balsam
durch den
hals zurück
in meine
kleine seele

und rührt sie auf
und macht sie
wund und warm.

Ich halte dein gesicht
mit meinen beiden händen,
so sanft gerahmt,
dass du sie kaum noch spürst,
und möchte doch,
nach männerart,
dich ganz umfassen,
und deine züge,
deinen schön gedachten
leib wie einen text
mit meinen lippen
zärtlich lesen
und vergehn –
und staunend wieder
in dir auferstehn.

Da bricht ein vers durch,
eine jubelzeile,
besingt dich mir
und preist die linie
deiner nase, den weichen
schwung des feuchten munds,
der mir entgegenatmet,
und dein geschlecht,
das mir verschlossen ist,
und deine kleinen zehen,
die ich gar nicht kenne.

So aufgelöst
im melos der musik,
bin ich nur lied,
das dich umspielt.

Ich atme träumend deinen namen ein, geliebte,
dein bild, dein lächeln, deinen sonnenmund,
und alles bittre fällt so von mir ab als sei,
seit wir im garten eden uns die hände hielten,
nichts geschehn,
nichts kummervolles und nichts schreckliches,
als sei die zeit seit jenem tage still,
als habe sich die erde nie gedreht.

Dann sind wir da, wie vor vieltausend
jahren nackt und neu,
und halten uns noch immer bei den händen.

Wie eine kleine insel
ragt die gruppe bäume
in den fluss,
von milder sonne
sanft beschienen.

Und aus dem wasser
steigen weiche watte-
wölkchen auf
in äste, luft und licht.

Dies bild nehm ich
für dich, geliebte,
mit nach hause.

Am wasser

Ein seidenteppich,
samten bräunlich
durch die dämmerung
des morgens schwebend,

nur ab und zu von einer
kleinen, kecken welle
leicht verstört.

Und drüber, ziseliert
im blassen blau,
die silbersichel.

Leicht sind wir beide, liebste,
du eine elfe, ich ein alter pan,
dem du nicht glauben magst,
dass seine flötenklänge
nur für dich bestimmt sind
und dass der tiefe ton,
der ihn ergreift,
von einer zukunft singt,
in der es nur noch dich,
den pan, den wald gibt
– und ohne ende
diesen flötenklang.

bin
musiker

und
spiele
laute

spiele
sprache

spielt
auf
mir

Ich hätte dein gesicht
mit wein besprenkelt,

mit dunklem oder hellem
oder rosenrotem,

und hätte dann dein weiches
warmes elfenbein

in wunden schlucken nachgetrunken,
wär auf den innenseiten

deiner elfenbeine hochgeschenkelt
und wäre schliesslich

mund auf mund
in dir versunken.

Du bist der fels,
ich bin das meer,
das dich umspült
mit weichen wellen,
an deinen füssen
die korallenriffe,
die ich hüte,
an deiner stirn
ein salzkristall,
von meinem wind
geformt.

Du fels im meer,
der sanften brandung
widerstrebend:
wärst ohne mich
du auch ein fels
im meer?

Die rosen sind verdorrt,
die ich dir bringen wollte,
liebste, gestern abend –

nach einer kurzen schwarzen nacht
schon liessen sie, enttäuscht,
nicht dich zu freuen,

die köpfe hängen und
die grünen blätter fallen.

Du sagst von allem, was du denkst und fühlst,
– und dass du vieles denkst und fühlst,
ist keine frage – nur immer einen bruchteil:
fast schon nichts.

So bin ich wie ein blinder
auf den klang der stimme angewiesen
und deute wie ein tauber zeichen,
die du mit blicken und mit gesten tust.

Bin ich der einzige, dem du nichts sagen magst?
Zeigst du dich andern anders,
hüllst du dich nur für mich in schweigen?
Und warum?

Das wasser murmelt
deinen dunklen namen,
perlt silbern auf
als ob es aus der tiefe quelle
und singt das helle mit,
das heitre, leichte.
Die vögel stimmen ein.
Und eine kurze sonne
vergoldet schimmernd
seine oberfläche.

Wo du jetzt sein magst,
trägerin des namens,
der dich singt im wasser
und mir im ohr klingt,
während ich den weg
zum wald einschlage,
in dem das murmeln
und das perlen
nurmehr als rauschen
zu mir dringt?

Bist du noch da,
nicht nur ein bild
in meinem herzen,
dass ich dich singen,
lieben kann,
und hörst mich noch,
wenn ich dich rufe?
Vernimmst du meine stimme noch,
die dir das unsagbare sagt,
das du verboten hast:

Ich liebe dich,
das dunkle deines namens
und das helle?

Und wieder
ist die nacht
hereingebrochen.

Und wieder
lässt ein tag nur
dunkelheit zurück.

Und wieder
ist mir müdigkeit
ins fell gekrochen.

Und wieder
fehlst nur du
zu meinem glück.

Ich bin klug und vernünftig
einer von denen
die denken nicht schreckt
und handeln erheitert.

Ich nehme das leben
nicht ernst –
es lässt mich
grausam gewähren.

Dann plötzlich
sitz ich da wie gelähmt
und weiss keinen trost
weil es mich auslässt.

Sonne kraftlos
hinter schlieren
die das graue
wasser schwitzt

fahler streifen
auf den tieren
der mir jetzt
im nacken sitzt

alter tag
und neue nacht
hoffnung hat sie
tot gemacht

Du, hüterin
des warmen feuers,
hast es erstickt
mit deinen eignen händen
und mir die asche
ins gesicht geschmiert.

Jetzt steh ich,
selber kalt und grau, am herd
und blase hoffnungslos
in die erloschne glut,

aus der
dein silberblick
mit sonnenmund
noch immer strahlt
und spricht und
blendet.

Berühr mich, Grosser Pan,
mit deinem zauberstab,
mach mich lebendig wieder,
gib mir meine kraft zurück
und lass mich von
den toten auferstehn.

Nimm mir, ich bitte dich,
die grauenhafte kälte,
die mir vom kreuz zum nacken
steigt und rückwärts kriecht
und wieder steigt und kriecht
und mich erstarren macht.

Und willst du nicht,
dann stoss mich
hinterrücks ins moos
und grab mich ein
und lass mich
da vermodern,
wo ich liege.

Mich wird man
nicht vermissen
und du bleibst
der Grosse Pan.

Nun bist du
nur noch dies:
ein bild in mir
ein schwarz
umrandetes
in dem das licht
das mich so lang
geblendet hat
erloschen ist.

Nichts leuchtet mehr
nicht helle stimme
und nicht sonnenmund
nicht hände
die mich nie berühren
wollten und
nicht fuss
der keine kleinsten
schritte tut.

So habe ich als letztes
deinen silberblick
den du nicht strahlen
lassen konntest

los gelassen.

du siehst
was du
warst

ich sah
was du
bist

leuchtender
kern

nicht

schillernde
hülle

albtraum

auf fahler fläche
einzelne gestalten

fraglos und unbewegt
mit leerem blick

im kalten blonden
licht verloren

da wo du bist
ist eine lücke

und wo du warst
ein zwischenraum

Noch ein wunsch

– totsein –

fühllos erstarrt
und ohne gedanken

aber nicht dieses kurze
totsein das aufhört

sondern das lange
von dem du nicht weißt

wie lange es dauert
weil du so tot bist

dass du – traumlos –
nie mehr erwachst

in bitterschale
kummerfreuden

oder
anderswo.

Und noch einer

Doch dann
wenn der wolkenzug
kommt und dich
mitnimmt dorthin

wo dich blauweiss
ein lächeln erwartet
eines das dir gilt
ein mund mit händen
und füssen –

Ist es nicht so
dass du schon
in erwartung
solchen erwartens

wie Lazarus auferstehst
als durch leichenbänder
und –salbe hindurch
endlich der ruf
an sein ohr drang:

sein eigener name?

nach
denken

wem
denkst
du da
nach
statt
voraus?

Der letzte grund

Noch einmal
der versuch
zu klären
was nicht
klärbar ist
und nicht
erklärbar
weil es
einfach
ist.

Dies
das einzig
klare daran
das unfragliche
unhinter-
fragbare auch :
die liebe
ist
der letzte
grund.

glück

ist nicht
erzählbar

geht in
sich auf

fraglos
als freude

Du hast mich
nie gefragt,
ob ich dich
finden wolle,

Du warst schon
da, als ich vorbei
kam und dich
unversehens sah,

hast nicht einmal
auf mich gewartet –
und hast mich doch
im innersten berührt:

unsagbar schön
und leuchtend
und un-
nennbar nah.

Flieh vor dir selbst
du holst dich
irgend einmal ein
und wunderst dich
dass du geflohen bist
und dennoch angekommen.

Du igelst dich ein
in dein schweigen

merkst wie der
zwischenraum

zuwächst
während du zögerst.

Wirf den kopf ins genick:
wo sind da
die hemmenden berge?

Kein horizont
verstellt dir die sicht

auf die eigenen
eingegrabenen füsse

die dich forttragen
wollten

zum unbekannten
gesicht.

Und manchmal
tanzst du auch
mit deinen
schönen füssen

oder trittst
die erde,
die dich
freudig trägt

oder gehst
im kreis
und merkst
es nicht.

Füsse haben
heisst auch
schritte tun
ins ungewisse.

dein name
stand schon
am anfang
zuoberst

war der erste
den ich
verwundert
ansah

wie etwas
lockendes,
fremdes
das irgendwie
rief

später
vertraute ich
ihm, er wurde
mir lieb
wie ein lied

jetzt
lässt du ihn
fallen

so schwebt
er im wind
und sinkt

und sinkt

frage wörter

abends rotwein
gedichte, morgens
die klarheit

ich bin ja
so gut
wie soweit

so schlepp ich
mich fröhlich
über die runden

wiehernd
über den grund
noch in abgrund

worüber
wohin
wozu
woher

So mancher
frühling ist
in seinem gelb
und blau
vorbei gegangen
und hat mich
stummen
ungerufen
stehen lassen

ich hab ihm
lange nach
geschaut und
bis zum herbst
darauf gewartet
dass er umkehrt
und mich
mit sich
nimmt

vielleicht
wer weiss
will mich
ein nächster

Füllt mich,
ihr bäume,
mit der
alten kraft,
die aus
den wolken
kommt,
herabzieht
in die erde
und zurück
fliesst in den
himmel!

Füllt mich
vom scheitel
zu den
füssen auf,
damit ich
wurzeln fassen
kann und –
breit und fein
geworden
in den ästen –
den sturm
bestehen
und die
karge zeit.

So vieles
schwebt
im ungesagten

und manches
schwingt
in worten mit;

doch oft
kommt antwort
aus dem
ungefragten

und stösst
dich sanft
zum nächsten
schritt.

Und sieh
wie sich
die kreise
wieder schliessen:

wie aus dem
einen ohne wollen
anderes entsteht,

dasselbe nicht
und doch zunächst
ein gleiches,

und wie es
einschwingt in die
grosse ähnlichkeit

und wiederkehrt
– verwandelt –
immer noch
als mahnung.

erklärung

manche
gedichte

schreibe ich
nachts

wenn
schwarz

und
traum

zu leuchten
beginnen

Auf deinem dunklen
Nofretete kopf dort
wo dein schwarzes

haar beginnt
brennt blendend
hell ein diamant

und in den augen,
hart und warm
zugleich, glüht

manchmal eine
frage auf, dann
auch verachtung

für die menschen
die sie nicht
verstehn.

So sitzt du da
in meinen träumen
schaust herauf

und nur dein lächeln
löst sich wie ein
weisser schmetterling

aus deinen zügen
und flattert taumelnd
auf mich zu.

Inhalt

Lies laut und langsam	4
Ich habe mich	5
Wo bist du	6
Ist der sommer nicht wahr	7
Du springst	8
Was du mir bist	9
Draussen das meer	10
Salzigen tang	11
Meer bist du	12
Abends langsam gelesen	13
Flüchtiger wind	14
Dein name allein	15
Du bist das lächeln	16
ich will in deinen augen nachsehn	17
Dein kleiner fuss	18
ich will das wasser sein	19
Schau, wie die bäume	20
Natürlich wachsen die schatten	21
Gerundete lippe	22
Dann will ich mich zurückziehn	23
Verbirg die trauer nicht	24
Wem bin ich ein narr	25
Wie bist du dann	26
Rondo	27
ich weiss auch nicht	28
Ich geh im regen	29
Du bist die rose	30
Lies meine gedichte im dunkeln	31
meine liebe	32
Jetzt weiss ich endlich auch	33
bin ich noch lampe	34
Du träumst dich manchmal	35
Wenn ich deinen namen sage	36
Ich halte dein gesicht	37

Ich atme träumend deinen namen   38
Wie eine kleine insel   39
Am wasser   40
Leicht sind wir beide, liebste   41
bin musiker   42
Ich hätte dein gesicht   43
Du bist der fels   44
Die rosen sind verdorrt   45
Du sagst von allem   46
Das wasser murmelt   47
Und wieder ist die nacht   48
Ich bin klug und vernünftigt   49
Sonne kraftlos hinter schlieren   50
Du, hüterin des warmen feuers   51
Berühr mich, Grosser Pan   52
Nun bist du nur noch dies   53
du siehst   54
albtraum   55
Noch ein wunsch   56
Und noch einer   57
nachdenken   58
Der letzte grund   59
glück   60
Du hast mich nie gefragt   61
Flieh vor dir selbst   62
Du igelst dich ein in dein schweigen   63
Und manchmal tanzst du auch   64
dein name stand schon am anfang   65
frage wörter   66
So mancher frühling   67
Füllt mich, ihr bäume   68
So vieles schwebt im ungesagten   69
Und sieh wie sich die kreise   70
erklärung   71
Auf deinem dunklen Nofretete kopf   72

Dank

Herzlichen Dank all jenen Freundinnen und Freunden, die mich dazu ermuntert haben, eine Auswahl von Gedichten aus den Jahren 1989 bis 2000 in gebundener Form zu veröffentlichen.

*Allen voran danke ich **Markus Jans**, Dozent an der Schola Cantorum Basiliensis, der Hochschule für Alte Musik in Basel, der das schwierige Geschäft des Lektorierens und Auswählens übernommen hat, und **Joseph Röösli**, Dozent an der Musikhochschule Luzern, der durch Vertonung und Aufführung von fünf Gedichten den Anstoss dazu gegeben hat, mich überhaupt einmal einem grösseren Kreis von Leserinnen und Lesern zu stellen. Es ist, scheint mir, mehr als eine glückliche Koinzidenz, dass beide Freunde Musiker sind.*

*Herzlich bedanke ich mich bei den **Adressatinnen** der Texte und bei den späteren, ermutigenden **Leserinnen und Lesern**, insbesondere – in alphabetischer Reihenfolge – bei Max Bertschy, Sarah Jane Conrad, Renata Eigenheer, Zsuzsanna Forter Matyassy, Christina und Walter Graf-Bächtold, Silja Häusermann, Luzia Humm, Sally und Markus Jans-Thorpe, Haben Kidane, Diana und Isabelle Mauchle, Karisa Meyer, Barbara Messmer, Georges Reber, Susanne, Irma und Joseph Röösli, Carla Sarri, Felix Paul Scherer, Horst Sitta, Willi Tervoort, Francesca Unternährer und Beate Zenker.*

Zum Autor

Guy André Mayor, geboren am 7. Juni 1945 in Genf, zweisprachig vorwiegend in der Deutschschweiz aufgewachsen, studierte Germanistik, Anglistik, Philosophie und Psychologie in Zürich, London und Basel, publiziert Texte zur zeitgenössischen Kunst, Literatur und Linguistik und lebt – als Deutsch- und Englischlehrer am Gymnasium Reussbühl – in Emmen (Schweiz).